BEI GRIN MACHT SICH IHR WISSEN BEZAHLT

Bibliografische Information der Deutschen Nationalbibliothek:

Die Deutsche Bibliothek verzeichnet diese Publikation in der Deutschen National-
bibliografie; detaillierte bibliografische Daten sind im Internet über http://dnb.d-
nb.de/ abrufbar.

Impressum:

Copyright © 2017 GRIN Verlag
Druck und Bindung: Books on Demand GmbH, Norderstedt Germany
ISBN: 9783668943780

Dieses Buch bei GRIN:

https://www.grin.com/document/465012

Amilyn Kolze

Die Migrationskrise und die Suche nach einem neuen Zukunftsoptimismus. Der visionäre Blick und die Chance auf eine bessere Welt

Können wir Zuversicht neu erlernen?

GRIN Verlag

Gymnasium Am Markt

Facharbeit im Rahmen des Seminarfachs

Die Migrationskrise und die Suche nach einem neuen Zukunftsoptimismus
-
Der visionäre Blick und die Chance auf eine bessere Welt

Können wir Zuversicht neu erlernen?

Facharbeit im Schuljahr 2016/17

Vorgelegt der Schule
Gymnasium am
Markt, Achim
Am Marktplatz 18
28832 Achim

Vorgelegt von: Amilyn Kolze

Thema des Seminarfachs:

Migration –
Menschen zwischen
Welten

Inhaltsverzeichnis

„Wir schaffen das." – Unsere höchste und härteste Decke aus Glas

„Although we weren't able to shatter that highest, hardest glass ceiling this time, thanks to you, it's got about 18 million more cracks in it, and the light is shining through like never before, filling us all with the hope and the sure knowledge that the path will be a little easier next time." (Clinton, Hillary R. 2008)

Diesen Satz sprach Hillary Rodham Clinton, ehemalige First Lady, Senatorin, Außenministerin und Präsidentschaftskandidatin der US-Demokraten, am 7. Juni 2008 in Washington D.C. im Rahmen ihrer Rede zur Beendigung ihrer Vorwahlkampagne sowie anlässlich ihrer offiziellen Unterstützungsbekundung gegenüber dem damals überlegenen innerparteilichen Rivalen, Barack H. Obama. Jene härteste und höchste gläserne Decke gilt in den Wirtschaftswissenschaften allgemein als die unsichtbare Barriere, welche Individuen daran hindert, oftmals auf der Basis sexueller Diskriminierung oder auch politischer Vorbehalte, eine nächste Stufe des Fortschritts zu erreichen. Eine Vision, die Möglichkeit einer besseren Zukunft, mag durch jene Decke aus Glas zwar klar zu erkennen sein, jedoch scheint es oftmals so, als sei das Ziel unerreichbar. Es sei denn, man vollbringt in einer gemeinsamen Kraftanstrengung das anscheinend Unmögliche und zerschmettert jene „gläserne" Barriere.

Auch wir deutsche Bürger machten im Spätsommer 2015, 70 Jahre nach dem Ende des Zweiten Weltkrieges, ungefähr 60 Jahre nach dem Wirtschaftswunder und 25 Jahre nach der Wiedervereinigung, einmal mehr eine für manche großartige, für andere desaströse Erfahrung mit unserer ganz eigenen gläsernen Decke: die sogenannte Migrationskrise. Am 31. August 2015 verkündete Bundeskanzlerin Angela Merkel auf der alljährlich stattfindenden Sommerpressekonferenz Folgendes: *„Ich sage ganz einfach: Deutschland ist ein starkes Land. Das Motiv, mit dem wir an diese Dinge herangehen, muss sein: Wir haben so vieles geschafft – wir schaffen das! Wir schaffen das, und dort, wo uns etwas im Wege steht, muss es überwunden werden, muss daran gearbeitet werden."* (Merkel, Angela 2015). Für viele hatte es den Anschein, als spräche eine neue Kanzlerin zu uns, eine Regierungschefin, die in stoischer Zuversicht verkündet, dass es eigentlich keinen Zweifel an unserer Fähigkeit, Herausforderungen erfolgreich zu meistern, geben könne. Unsere von einigen Menschen sowohl als nüchtern als auch rhetorisch trocken empfundene Bundeskanzlerin schien urplötzlich einen für die bundesdeutsche Gesellschaft ungewohnten und lange tabuisierten politischen Glauben anzusprechen: der Glaube an eine übergeordnete Sache, einer Mission, der sich eine Gemeinschaft verschreibt, um in vereinter Kraftanstrengung eine große Herausforderung als Chance zu nutzen und eine bessere Zukunft anzustreben. Und in der Tat antworteten tausende hilfsbereite, ehren – und hauptamtlich Tätige mit einer lange nicht gesehenen Welle der hoffnungsvollen Entschlossenheit inmitten einer durchaus heiklen Situation. Dennoch wich die große Zuversicht allzu schnell einer lähmenden Skepsis, gefolgt von Furcht und Zwietracht. Die europäische Gemeinschaft stürzte – größtenteils selbstverschuldet- in ihre bis dato tiefste Krise der Solidarität und der Einheit. Die Grundfesten der Europäischen Union drohten zu zerfallen, während die Führungsriegen zahlreicher Mitgliedsstaaten dies als Anlass nahmen und ihre Chance nutzten, wieder das alte, nationalstaatliche Denken in weiten Teilen durchzusetzen.

Außerdem wurde das Dubliner Übereinkommen, welches die Registrierung und Verteilung von Asylsuchenden regelt, mehrfach außer Kraft gesetzt, wobei es nicht gelang, eine modernere und vor allem gerechtere Quotenregelung zu finden. Als es schließlich auch noch zur teilweisen Aussetzung des Schengener Abkommens kam und zahlreiche europäische Staaten vorübergehend wieder Grenzkontrollen einführten, sahen manche bereits das Ende der Europäischen Idee gekommen.

Des Weiteren erfuhren die Bürger Europas den Schrecken des islamistischen Terrors im selben Zeitraum auf heimischem Boden, als am 13. November 2015 eine Terrorattacke Paris traf und 130 Menschen das Leben kostete. Auch deutsche Rechtspopulisten sahen sich, gestützt auf ihren Kampagnen der Furcht und ihrer Rhetorik der Spaltung, im Aufwind und konnten zudem politisches Kapital aus all der Empörung schlagen, welche aus den sexuellen Übergriffen von Migranten auf Passanten in der Kölner Silvesternacht 2015/2016 resultierte. Die AFD konnte schließlich große und gleichzeitig einschneidende Triumphe bei drei Landtagswahlen zelebrieren, während in der Republik, hauptsächlich jedoch im deutschen Osten, Flüchtlingsunterkünfte brannten und eine „Neue Rechte" aufmarschierte. Nichtdestotrotz sollte all dies längst nicht alles sein. Die Terrorattacken auf Brüssel, Nizza und Berlin bildeten den traurigen Höhepunkt einer Passage der sinnlosen Gewalt. Hinzu kamen die Entscheidung der Briten, die EU zu verlassen und abschließend Donald Trumps überraschender Sieg im Rennen um das Weiße Haus. Zuversicht und Hoffnung schienen rar wie schon lange nicht mehr. Und das in einer Zeit, die trotz allem uns die Chance bietet, Schweres zu tun, um Großes zu bewegen; doch nicht ohne die Hoffnung auf und den Glauben an ein besseres Morgen.

Auf den folgenden Seiten sollen freilich nicht die einzelnen Stationen, Ursachen und Folgen der Migrationskrise behandelt werden. Vielmehr beabsichtige ich, den Verlust von Zuversicht im Angesicht der Herausforderung und dessen Vermeidbarkeit zu thematisieren. Warum fürchten und hassen wir, wenn wir unsere Kraft doch eigentlich auf eine Einheit in Vielfalt und die gemeinsame Arbeit für eine bessere Zukunft verwenden sollten und können? Was hält uns davon ab, Fortschritt zu leben? Und wie können wir Zuversicht neu erlernen sowie die Kunst meistern, das anscheinend Unmögliche möglich zu machen? Wobei sich die Bezeichnung des Unmöglichen hierbei auf eine große gesellschaftliche Herausforderung wie die Migrationskrise bezieht. Es ist mein Wunsch, dass sich die Leserin/der Leser am Ende der Lektüre meiner Facharbeit selbst hinterfragt, sich ermutigt fühlt und gleichzeitig entschlossen ist, die gemeinsame Arbeit aufzunehmen Auch wenn Sinn und Zweck dieser Facharbeit eigentlich das Üben des Verfassens wissenschaftlicher Texte sein soll, so kann ich meinen Willen, darüber hinaus zu gehen, nicht leugnen. Gerade da meine Wahl auf ein Thema von solch gesellschaftlicher Signifikanz gefallen ist, möchte ich ebenfalls den Versuch unternehmen, mit dem vorliegenden Text Inspiration zu streuen, wenn auch nur in einem sehr geringen Maße.

1. Warum die Menschen zweifeln

In ihrem Essay mit dem Titel „Unsere Chance – Mut, Handeln und Visionen in der Krise" schreibt die Menschenrechtlerin und ehemalige Ausländerbeauftragte der deutschen Bundesregierung, Beate Winkler, von der persönlichen Angst als „Frühwarnsystem". Jene Warnsignale müsse man frühzeitig erkennen und in positive Kräfte umwandeln. Man erkenne auf diesem Wege, so die Autorin, „dass etwas nicht stimmt" (Winkler, Beate 2015: 21). Diese Chance jedoch würde verloren gehen, fiele man der Furcht anheim. Ebenso antwortete der ehemalige US-Präsident Franklin D. Roosevelt auf die Ängste des unter der sogenannten Großen Depression leidenden amerikanischen Volks: *„[...]the only thing we have to fear is fear itself."*(Roosevelt, Franklin D. 1933: 1). Dennoch basiert die menschliche Natur gleichzeitig auf jenem berühmten Fluchtinstinkt, der dem Homo Sapiens von seinen Vorfahren vererbt worden ist. Die Ahnung einer nahenden Gefahr mag bereits ausreichen, um Menschen dazu zu verleiten, jegliche rationalen Denkweisen abzulegen und die Flucht zurück - nicht nach vorn – anzutreten.

Ebenjenes reaktionäre Rückzugsverhalten haben manche Teile der Bundesbevölkerung im Verlauf der sogenannten Migrationskrise gezeigt, während rechte Gruppierungen und Parteien wussten, die Ängste jener Bürger zu instrumentalisieren. Indem sie bewusst versuchen, einfache Antworten auf komplexe Fragen zu geben, vollbringen es die Rechtspopulisten, Menschen aus allen Bevölkerungsschichten auf ihre Seite zu ziehen[1]. Größtenteils jedoch sind es vor allem Angehörige der ehemaligen Arbeiterschicht, die die besagte Strategie erfolgreich bindet. Sie fürchten die Zukunft, da ihnen bereits die Gegenwart wenig Gutes bringt. Ihnen fehlt dementsprechend die nötige Zuversicht, um sich an der Lösung großer Probleme beteiligen zu können. Vielmehr sehen sie es als nicht erforderlich an, die gemeinsame Arbeit aufzunehmen, da sie der Überzeugung sind, diese werde nicht zu ihrem Wohle verrichtet.

1.1 Die Furcht vor dem Fremden

Hinzu kommt des Weiteren die Furcht vor dem Verlust von Stärke, Privilegien und Dominanz. Jedoch nicht infolge wirtschaftlicher Schwächephasen, sondern vielmehr durch die anscheinend bestehende Übermacht gesellschaftlicher Minderheiten. Oftmals reicht bereits die mediale Omnipräsenz jene Minderheiten betreffender Themen aus, um Ängste vor Überfremdung zu säen. *„Ich glaube, es herrscht eine Tendenz, Flüchtlinge nur als Gruppe oder gar Masse zu sehen und zu vergessen, dass jeder und jede ein Individuum ist, mit einer eigenen Geschichte."* (Hoffmann, Monika 2015). Die Koordinatorin des Jugendprogramms der „Aid Organization for Refugees and Asylum Seekers in Israel" spricht im besagten Interview ein Phänomen an, welches sich leicht auf die Situation in Europa übertragen lässt. Als im Sommer 2015 Asylsuchende zu Hunderttausenden die verschiedenen Grenzen Europas auf ihrem Weg gen Norden überschritten, sahen viele Menschen nicht die Einzelne bzw. den Einzelnen im Strom der Flüchtenden,

---

[1] Hierbei sollte jedoch angemerkt werden, dass eine Verurteilung dieser Vorgehensweise auf der Annahme beruht, dass sprachliche Einfachheit rechtmäßig ist, solange sie nicht in dem Wissen von ihrer Falschheit verwendet wird

sondern registrierten eher die Bedrohlichkeit der Masse an sich. Was bedeutet also Masse? Das Wort „Masse" ist ein Begriff, der eine schlechte Definierbarkeit suggeriert. Somit bedeutet Masse zwangsläufig Ungewissheit. Die These von der Angstgesellschaft beschreibt ebenjenes Phänomen als Kontingenzzuwachs, d.h. eine komplexe gesellschaftliche Entwicklung, wobei die zwangsläufige Entstehung neuer und großer Vielfalt oftmals in einer Furcht vor dieser gesellschaftlichen Unbestimmtheit resultiert. Jene scheinbare, schleichend stattfindende Machtübernahme durch Minderheiten, wie sie manche Menschen in solchen Situationen verspüren, führt allzu schnell und allzu leicht zur Expansion rechtsextremen Gedankengutes, wie sich am Beispiel des ersten farbigen US-Präsidenten erkennen lässt. In ihrer Abhandlung „ „I'm Still Standing for Hope and Glory!" – Reflections on the Obama Phenomenon and the Politics of Resentment vs the Politics of Cosmopolitanism" schreibt Åsa Wettergren, außerordentliche Professorin an der Universität von Göteborg: *„Resentment among white racist groups pertains to their continous loss of privileges and status over blacks (and other ‚strangers') during 20th (Ahmed 2004), crowned as it were by the election of a black president of the US."* (Wettergren, Åsa 2009).

1.2 Stillstand statt Fortschritt

Insgesamt lässt sich festhalten, dass Ängste, welcher Natur sie auch sein mögen, uns mehr lähmen, als dass sie uns antreiben. Rechtspopulistische Parteien wie die AfD wissen ebenjene Lähmung in eine umgekehrte, ihren rückwärtsgewandten Denkweisen angepasste Dynamik umzuwandeln. In ihrem Grundsatzprogramm geht die „Alternative für Deutschland" direkt auf den gefühlten Minderheitenstatus jener ein, die sich vor einer anscheinend zunehmenden „Überfremdung" fürchten. Eine sogenannte „Ideologie des Multikulturalismus" stelle „importierte kulturelle Strömungen auf geschichtsblinde Weise" der deutschen Kultur gleich, „deren Werte damit zutiefst relativiert" würden. Dies betrachte die AfD als „ernste Bedrohung für den sozialen Frieden und für den Fortbestand der Nation als kulturelle Einheit." (AfD 2016). Indem man eine große gesellschaftliche Gruppe somit als Minderheit darstellt, schafft man neben dem Opferbild gleichzeitig auch die scheinbare Notwendigkeit einer Art des Freiheitskampfes, ein Akt, der eine Gesellschaft im Endeffekt jedoch spaltet und einen gesamtgesellschaftlichen Fortschritt verhindert. Des Weiteren ist jedoch zu beobachten, dass selbst eine große Volkspartei wie die CDU/CSU versucht, sich fürchtende Wähler zu binden, indem nicht nur Rhetorik, sondern auch programmatische Inhalte rechtspopulistischer Parteien, in diesem Fall der AfD, teilweise übernommen werden. Dieses Phänomen lässt sich durchaus als fatal bezeichnen, da auf diese Weise rückwärtsgewandte Programmatik Einzug in Legislative und Exekutive der Republik hält.

2. Zuversicht im Angesicht der Herausforderung

Gerade in Zeiten großer Herausforderungen wie der Migrationskrise braucht es daher politisch-gesellschaftliche Kräfte, die es sich zur Aufgabe machen, mit Zuversicht zu führen, Hoffnung zu streuen und gleichzeitig entschlossen an der Lösung von Problemen zu arbeiten. Die Aussage der Bundeskanzlerin: „Wir schaffen das." (Merkel, Angela 2015). ist ebenso in jenem Kontext zu betrachten wie auch das politische „Kredo" des 44. US-Präsidenten, Barack Obamas „Yes, we can." (Obama, Barack H. 2008). Jedoch zeigte sich schnell, dass die Bundeskanzlerin mit ihrer Aussage auf mehr Ablehnung als Zuspruch stieß.

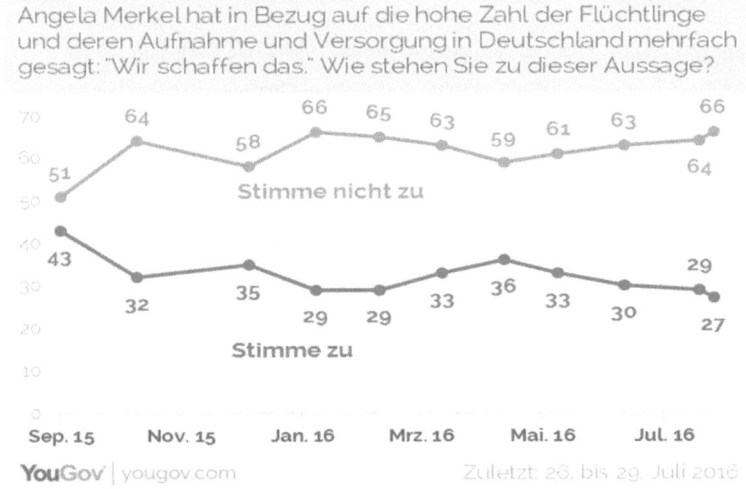

Quelle: https://yougov.de/news/2016/07/31/nur-noch-27-prozent-sagen-wir-schaffen-das/

Die Grafik des Markt-und Meinungsforschungsinstituts YouGov zeigt deutlich, dass die Bundesbürger dem Satz der Bundeskanzlerin von Beginn an vergleichsweise wenig Vertrauen schenkten. Stimmten im September 2015 noch 43% der Befragten Frau Merkles Aussage zu, so waren es im Juli 2016 nur noch 27 %. Begründen lässt sich dies unter anderem mit dem Andauern der Migrations- und Integrationsherausforderungen sowie mit der zunehmenden Expansion des islamistischen Terrorismus. Der anfängliche Optimismus wich schnell einer weniger als hoffnungsfroh aufgefassten Realität und die Bundeskanzlerin versagte darin, pragmatisch und prinzipientreu ihre Linie zu halten, obwohl die Geschichte zahlreiche Beispiele für den Erfolg stoischer Entschlossenheit bereithält.

2.1 In stoischer Haltung die Krise als Chance nutzen

Zu den besagten Beispielen lässt sich, neben Barack H. Obamas Wahlkampf der Hoffnung und des Wandels im Jahre 2008, auch eine Aussage Margaret Thatchers aus dem Jahre 1980 zählen. Ein Jahr nachdem Thatcher zur ersten Premierministerin Großbritanniens ernannt worden war, sprach sie auf einem Parteitag der Konservativen über die jüngsten Unruhen im Land. Ihre Regierung verfolgte die Absicht, weiteren Wirtschaftskrisen durch eine Liberalisierung des Marktes, von der vor allem die Arbeitgeber profitieren sollten, vorzubeugen. Als immer mehr Kritik gegen ihre Person selbst aufkam, nutzte Thatcher den Parteitag, um ihre Position ein für alle Mal deutlich zu machen und zu manifestieren. Somit sprach die Premierministerin zu jenen, die eine „180 Grad –Wende" („U-Turn") von ihr forderten, folgende Worte: „You turn if you want to. The Lady's not for turning!" (Thatcher, Margaret 1980). An der Person Thatcher scheiden sich zwar die Geister, jedoch wird sie nichtsdestotrotz von Angehörigen der verschiedensten politischen Richtungen für ihre eiserne Haltung bewundert. Es sollte zudem angemerkt werden, dass Thatcher, allen Protesten zum Trotz, für zehn weitere Jahre im Amt blieb. Doch nicht nur die Führung eines Landes muss Zuversicht und Entschlossenheit leben. Auch und vor allem die gesellschaftliche Basis hat die Aufgabe, ihren Pflichten als Bestandteil eines demokratischen Staates nachzukommen, sei es in Form von Wahlen, politischen Kandidaturen, Demonstrationen oder radikalem Protest. Es sei „eine dunkle, unausgesprochene Wahrheit, dass die Mächtigen – die »regierende Klasse« – durch die Ausübung ihrer Macht die Regeln bestimmen.", schrieb die bereits verstorbene Autorin Marilyn

Ferguson in ihrem Buch „Die sanfte Revolution". Viel zu lange hätten diese Menschen „im Vordergrund gestanden und ihre Position oft behauptet, indem sie an die Seite in uns appellierten, die für weniger mehr haben will." Nun jedoch müssten „Wir", die Gesellschaft, „uns zu einer Gruppe von Strategen entwickeln, die immer unterwegs sind, geniale Werkzeugmacher, visionäre Erfinder und Erfinderinnen." Für jene „Reise" gebe es keine „ erfahrene Reiseleitung, die uns sicher ans Ziel bringen könnte. Nur unser eigenes erwachtes Selbst." (Ferguson, Marilyn 2007: 13).

2.2 „Love Trumps Hate!"

Am 27. März 2015 sprach Bundespräsident Joachim Gauck anlässlich des Auftaktes der 40. Interkulturellen Woche folgende Sätze: *„Wir wollen helfen. Unser Herz ist weit. Doch unsere Möglichkeiten, sie sind endlich."* (Gauck, Joachim 2015). Die von vielen Bundesbürgerinnen und Bundesbürgern als „Tatsache" angesehene Meinung, welche diese Worte umschreibt, ist die, dass auch eine wohlhabende Gesellschaft wie die deutsche mit der Zeit an dem Punkt angelangt, ab dem die Aufnahme bzw. vielmehr die Integration Millionen Asylsuchender eine mehr oder weniger unmögliche Aufgabe darstellt. Dies mag wiederum eine Frage sein, deren Diskussion den Rahmen dieser Facharbeit sprengen würde, weshalb ich auch nicht gedenke, näher auf sie einzugehen. Nichtsdestotrotz sollte somit angemerkt werden, dass eine gesellschaftliche Überforderung kein Grund für den Ausbruch gesellschaftlichen Hasses sein darf. Die Geschichte zeigt, dass Hass und gesellschaftliche Ausgrenzung nie eine Lösung für komplexe soziale oder staatliche Herausforderungen waren. Sei es die Hexenverfolgung im Mittelalter, der Holocaust während des Zweiten Weltkrieges oder die Apartheid in Südafrika bzw. die Segregation in den Vereinigten Staaten im 20. Jahrhundert: Alle diese Verbrechen zeigen, dass ein soziales Gefüge leicht an dem Versuch, Vielfalt zu mindern oder gar auszulöschen, zerbricht. Nichtsdestotrotz befinden sich rechtsextreme Gruppierungen überall auf der Welt im Aufwind. Und selbst das Präsidentenamt der USA wird seit Kurzem von einem Mann besetzt, der im Wahlkampf eine gesamte gesellschaftliche Gruppe diffamierte, indem er mexikanische Einwanderer folgendermaßen beschrieb: *„They're sending people that have lots of problems, and they're bringing those problems with us. They're bringing drugs. They're bringing crime. They're rapists."* (Ye Hee Lee,

Michelle 2015). Ihm gegenüber stand eine Frau, die mit ihrem Kampagnenslogan *"Stronger Together"* die Möglichkeit einer Einheit in Vielfalt suggerierte. Dennoch unterlag Hillary Rodham Clinton im Endeffekt Donald Trump. Doch trotz allem lassen sich u.a. in Europa in diesen Zeiten engagiert und leidenschaftlich agierende Gegengruppierungen beobachten. Ob proeuropäisch oder antirassistisch: Sie alle leisten einen wichtigen Beitrag für das Funktionieren einer demokratischen Gemeinschaft. Und auch und vor allem in den USA und weiten Teilen der Welt wurden wir, gerade einmal einen Tag nach der Amtseinführung des Präsidenten Trumps, Zeugen des Aufbegehrens einer neuen, sich selbst als *"Resistance"*(Widerstand) bezeichnenden Oppositionsbewegung. Der „Women's March" am 21.02.2017 war eine globale Demonstration, an der nicht nur Frauen teilnahmen, sondern auch Männern bzw. all jene, die durch die Wahl Trumps zwar in ihrem Glauben an eine bessere Zukunft erschüttert worden waren, jedoch nicht beabsichtigten, jenen Glauben aufzugeben. Diese Menschen mögen sich zwar gefürchtet haben, doch sie zogen sich in ihrer Furcht nicht zurück. Vielmehr hielten sie der Rhetorik der Spaltung und des Hasses eine simple und doch bedeutsame Botschaft entgegen: „Love Trumps Hate!" (Nusca, Andrew 2017).

3. Die Jugend hat das Wort

Laut der Sinus-Studie 2016 sind die Expeditiven unter den Jugendlichen jene, die einen großen Wert auf „eine Balance zwischen Selbstverwirklichung, Selbstentfaltung, Selbständigkeit sowie Hedonismus einerseits und Pflicht- und Leistungswerten wie Streben nach Karriere und Erfolg, Zielstrebigkeit, Ehrgeiz und Fleiß andererseits" legen. „Von allen Jugendlichen sind sie mit die flexibelsten, mobilsten, pragmatischsten, innovativsten." Zudem würden sie „sich nicht in ideologische Korsette zwängen lassen" und hätten „eine geringe Kontroll- und Autoritätsorientierung. Zu Fügsamkeits- und Unterordnungswerten haben Expeditive eine ebenso große Distanz wie zu asketischen Werten und konservativ-religiösen Moralvorstellungen." (Calmbach, Marc/ Silke Borgstedt/ Inga Borchard / Peter Martin Thomas/ Berthold Bodo Flaig 2016). Diese Definition lässt vermuten, dass die Gruppe der jugendlichen Expeditiven die sein müsste, welche, gerade in einer alternden Gesellschaft, aktiv Fortschritt schafft und Innovation für das Gemeinwohl betreibt. Die Jugend hat das Wort und es ist an ihr auf der einen und an der politisch-gesellschaftlichen Führung auf der anderen Seite, die schrittweise Transmission von Verantwortung und Führungsmacht auf die junge Generation früh genug in die Wege zu leiten. Jedoch betrug der Anteil der Expeditiven an der Gesamtbevölkerung im Jahre 2015 nur 7,2 %, was umgerechnet ca. fünf Millionen Menschen sind (Calmbach, Marc/ Berthold Bodo Flaig 2015: 13).

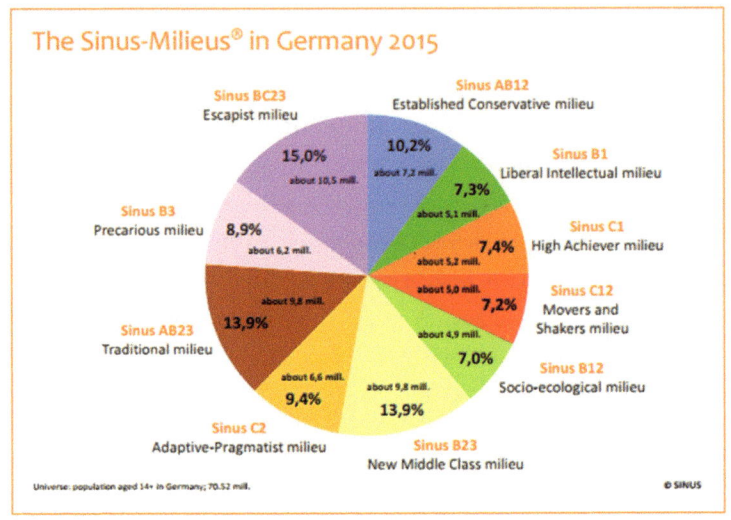

2

3.1 Die Aufklärer von heute, der Motor von morgen

Die Jugend müsste die starke Kraft hinter gesellschaftlichem Wandel und Fortschritt sein. Denn ihr fällt die Aufgabe zu, durch modernes und progressives Denken über Vorurteile aufzuklären und andere dazu zu bewegen, diese abzulegen. Die Sinus-Studie 2016 präsentierte diesbezüglich jedoch eher ernüchternde Ergebnisse. „Auf die Frage, was für eine bestimmte Nationalität charakteristisch ist", hätten die Jugendlichen jedoch „meist mit tradierten Stereotypen" geantwortet, „die aber nicht immer als Klischees oder Vorurteile erkannt" worden wären. Nichtsdestotrotz wurde auch Folgendes festgehalten: „Unabhängig von solchen Klischeevorstellungen betonen die allermeisten Jugendlichen (quer durch die Lebenswelten) gleichzeitig aber auch, dass alle Menschen gleiche Rechte haben

---

[2] Quelle http://www.sinus-institut.de/fileadmin/user_data/sinus-institut/Downloadcenter/20150805/2015-01-15_Information_on_Sinus-Milieus_English_version.pdf

und letztlich der Charakter und das Verhalten einen Menschen ausmachen."
(Calmbach, Marc/ Silke Borgstedt/ Inga Borchard/ Peter Martin Thomas/ Berthold Bodo Flaig 2016: 473).

Anscheinend braucht es also keine durch die Jugend angeführte „sanfte Revolution" (siehe 2.1), sondern vielmehr eine „sanfte Revolution" innerhalb der Jugend, ein Umbruch, der die Jugend aus einer einmal mehr „selbstverschuldeten Unmündigkeit" (Immanuel Kant) herausführt. Denn die deutschen Jugendlichen wollten sich aktuell „kaum mehr abgrenzen und streben gemeinsame Werte"(Zeit Online 2016) an. Allerdings befände sich unter ebenjenen Werten, neben Freiheit und Aufklärung, auch die Toleranz. Somit lässt sich die Jugend keinesfalls als Antagonist im gesellschaftlichen Spiel diffamieren, denn der lähmende Faktor in dem von ihr verlangten Fortschritts- und Wandelbewusstsein scheint durchaus präzise feststellbar zu sein: Der „Mainstream"-Gedanke - „Jugendliche wollen so sein wie alle anderen." (Zeit Online 2016).

3.2 Eine zu tragende Verantwortung

„Let the word go forth from this time and place [...] that the torch has been passed to a new generation [...] unwilling to witness or permit the slow undoing of those human rights to which this nation has always been committed, and to which we are committed today at home and around the world." (Kennedy, John F. 1961). Diesen Satz sprach John F. Kennedy im Rahmen seiner Inaugurationsrede im Jahre 1961. Und noch heute stellen seine Worte einen Aufruf zu mehr Verantwortungsbewusstsein dar, welcher nichts an Aktualität eingebüßt hat. Es wird die Übernahme von Verantwortung durch die nächste bzw. eine neue Generation betont und somit auch deren gesamtgesellschaftliche Verantwortung. Diese bestünde darin, die Rechte aller aufrechtzuerhalten, nicht nur innerhalb der eigenen Landesgrenzen, sondern vielmehr auf der gesamten Welt. Denn die Welt der Nationalstaaten scheint insbesondere in der heutigen Zeit für zahlreiche Jugendliche nicht mehr ein der Zukunft entsprechendes Bild zu sein. „Vor allem die Sozialökologischen, Expeditiven und experimentalistischen Hedonisten betonen, dass die Begriffe Nation und Nationalität historisch vorbelastet sind. Aus ihrer Perspektive sollten diese Begriffe positiv umgedeutet werden und Diversität und Vielfalt in Gleichheit beschreiben [...]." (Calmbach, Marc/ Silke Borgstedt/ Inga Borchard/ Peter Martin Thomas/ Berthold Bodo Flaig 2016: 419). Daher schlussfolgere ich, dass die „sanfte Revolution"

der Jugend kein Werk der Unmöglichkeit sein muss. Vielmehr scheint ein Ausbruch ihrer eine Art historische Zwangsläufigkeit zu sein; dass stets zu dem Zeitpunkt, da eine soziale Gemeinschaft einen gesellschaftlichen Tiefpunkt erreicht hat, eine Gruppe williger Reformisten sich erhebt, um ein gesellschaftliches bzw. staatliches Gefüge zu erneuern und den Mitbürgerinnen und Mitbürgern die Möglichkeit einer besseren Zukunft in Aussicht zu stellen. (Siehe „samtene Revolution" und das Ende der DDR).

Schlussteil und Plädoyer: Unsere Zeit, unsere Chance

Können wir Zuversicht neu erlernen? Ja, das können wir, denn sie war niemals verloren. Wie die Angst ist auch die Zuversicht des Menschen ständiger Begleiter. Und beide konkurrieren sie um das Primat über die menschliche Psyche. Wie in den Kapiteln 1.1 und 1.2 dargelegt, geht es bei diesem „Kampf" jedoch weniger um das Individuum, als vielmehr um eine soziale Gemeinschaft. Und innerhalb einer ebensolchen Gemeinschaft spielt deren Führung, in diesem Fall der Staat, eine herausragende Rolle. Ihm fällt die Aufgabe zu, durch politische Bildung und Wertevermittlung neben der führenden auch eine erzieherische und aufklärende Rolle einzunehmen. Die politische Führung eines Landes darf sich auf keinen Fall die Werbemuster extremistischer Parteien aneignen, um die Sorgen und Ängste der Bürgerinnen und Bürger zu ihrem Vorteil zu nutzen. Vielmehr ist es ihre am Gemeinwohl orientierte Pflicht, aktiv gegen jene Ängste vorzugehen und den Bürgerinnen und Bürgern nicht das Angenehmste zu raten, nicht zu versuchen, auf komplexe Fragen einfache Antworten zu geben, nur um die sich in Aufruhr befindende Gesellschaft auf schnellstem Wege zufrieden zu stellen. Ich persönlich bin der festen Überzeugung und durch meine eigenen Recherchen umso mehr in dieser gestärkt, dass wir ausschließlich gemeinsam Ängste und Vorurteile nachhaltig bekämpfen und ablegen können. Denn es braucht interkulturelle Begegnungen und eine direkte, persönliche Erfahrung mit der Schönheit und Kraft der Vielfalt, um einen eigenen Wandel vollführen zu können. Letztendlich müssen wir alle jedoch auch schlicht und ergreifend einsehen und akzeptieren, dass wir Menschen nicht als reine Wesen der Ängste und des Hasses geboren werden.

Ich bin mir durchaus bewusst, dass auch ein wohlhabendes Land wie Deutschland nicht jegliche Probleme dieser Welt wird lösen können. Dennoch sollte, kann und darf uns dies nicht davon abhalten, aktiv zu versuchen, das anscheinend Unmögliche möglich zu machen. Zwar ist die Hilfsbereitschaft der

Bundesbürgerinnen und Bundesbürger im Verlauf der Migrationskrise zurückgegangen; zwar befinden sich momentan rechtspopulistische Kräfte im Aufwind; zwar haben sich die Briten entschlossen aus der EU auszutreten und ist Donald Trump Präsident der Vereinigten Staaten. Doch sind nach dem „Brexit"-Votum nicht auch Menschen, vor allem Mitglieder der jüngeren Generationen, zu Hunderttausenden auf die Straßen Londons gegangen, um für Europa, für eine Einheit in Vielfalt zu demonstrieren? Sind nicht einen Tag nach Präsident Trumps Amtseinführung Frauen und Männer, Jung und Alt, zu Millionen weltweit auf die Straßen gegangen, um sich für Gleichheit bei gleichzeitiger gesellschaftlicher Diversität auszusprechen? Doch, das sind sie – Und es macht mir Mut. Wer hätte es vor 72 Jahren, nach dem Ende des Zweiten Weltkrieges für möglich gehalten, dass Deutschland in der Welt von heute so hoch angesehen ist und in der Welt von morgen eine noch wichtigere Rolle spielen wird? Wer hätte vor 68 Jahren, nach der Gründung zweier getrennter Staaten auf deutschem Boden gedacht, dass wir heute in einer vereinten und demokratischen Bundesrepublik leben würden? Fortschritt und das Leben der Kunst, das Unmögliche möglich zu machen, sind möglich. Und das gerade in Zeiten, in denen man dergleichen am wenigsten erwartet. Denn erst gesellschaftliche Tiefpunkte geben Menschen die Möglichkeit, einen neuen Ausbruchswillen sowie eine neue Aufbruchsstimmung zu entfalten und zu streuen. Bereits in der Einleitung zu dieser Facharbeit habe ich angedeutet, dass ich nicht gedenke, deren wissenschaftlichen Rahmen penibel einzuhalten. Ich halte es hierbei mit Immanuel Kant, welcher einst schrieb: „Habe den Mut, dich deines eigenen Verstandes zu bedienen." Ich bin nämlich der Überzeugung, dass Wissenschaft nicht rein prosaisch sein darf. Zu ihrem Besten bedarf es einer spezifizierten Form der prosaischen Poetik, um die Fähigkeit zu haben, auch über Fachgrenzen hinaus Inspiration zu streuen. Gerade in Zeiten grassierender negativer Emotionen braucht es eine Welle positiver Gefühle, die wir ihnen entgegen senden, gepaart mit dem pragmatischen Geist der Aufklärung.

Herausforderungen sind Chancen. Und wenn wir ihnen geeint begegnen, mit Zuversicht und Entschlossenheit, können wir selbst die größten Hürden überwinden. Jedoch müssen wir zusätzlich lernen, nicht länger die Herausforderung zu fürchten, sondern die Furcht herauszufordern. Die Migrationskrise hätte das Potential gehabt, die Menschen diesbezüglich zum Bestehen ihrer „Reifeprüfung" zu verhelfen. Doch auch wenn uns dies nicht unter jenen Umständen gelang, so wurde uns dennoch verdeutlicht, dass in vielen Teilen der bundesdeutschen Gesellschaft noch immer der Wille ruht, Schweres zu tun, um Großes zu bewegen, sich einer gemeinnützlichen Mission zu verschreiben und dabei seine egoistischen Einzelinteressen dem Gemeinwohl unterzuordnen.

Die Zeit steht niemals still und uns werden sich noch genügend Anlässe bieten, um irgendwann, eventuell früher, als wir momentan zu glauben vermögen, unsere ganz eigenen höchsten und härtesten Decken aus Glas zu zerschmettern – Sei es im gesellschaftlichen oder privaten Rahmen. Beides stellt einen Härtetest für die Menschen dar und bereitet sie auf die gemeinsame Arbeit für eine bessere Zukunft und eine gerechtere Welt vor.

Abschließend möchte ich kundtun, dass ich der festen Überzeugung bin und bleibe, dass in Vielfalt Schönheit und Stärke zu finden sind. Außerdem hoffe ich, dass sich die Leserinnen und Leser dieser Facharbeit wachgerüttelt und ermutigt fühlen; dass selbst jene, die auch nur ansatzweise vor dem Kontakt mit fremden Kulturen zurückschrecken, sich nun bewusst machen werden, dass die gesellschaftliche Diversität im Allgemeinen keine Gefahr darstellt. Vielmehr ist sie ein kultureller Schatz und die Zukunft der Menschheit. Wenn wir das einsehen und lernen, jene Position selbstbewusst zu vertreten, dann bin ich mir sicher, dass unsere besten Tage nicht hinter, sondern vor uns liegen.

Literaturverzeichnis

Bundesparteitag der AfD. 2016. *Programm für Deutschland*. Das Grundsatzprogramm der Alternative für Deutschland. Stuttgart: AfD

Calmbach, Marc/ Berthold Bodo Flaig. 2015. Informationen zu den Sinus-Milieus 2015. Heidelberg: SINUS Markt- und Sozialforschung GmbH

Calmbach, Marc/ Silke Borgstedt/ Inga Borchard/ Peter Martin Thomas/ Berthold Bodo Flaig. 2016. *Wie ticken Jugendliche 2016?*. Lebenswelten von Jugendlichen im Alter von 14 bis 17 Jahren in Deutschland. Berlin: Springer

Ferguson, Marilyn. 2007. *Die sanfte Revolution*. Gelebte Visionen für eine menschlichere Welt. München: Kösel-Verlag
Wettergren, Åsa. 2009. „I'm Still Standing for Hope and Glory!" In: Engelken-Jorge, Marcos. *Politics and Emotions*. The Obama Phenomenon. Wiesbaden: VS-Verlag, 141-152

Winkler, Beate. 2015. Unsere Chance. Mut, Handeln und Visionen in der Krise. Berlin: Europa Verlag GmbH & Co. KG

Internetquellen

Clinton, Hillary R. 07.06.2008. "Hillary Clinton Endorses Barack Obama"
< http://www.nytimes.com/2008/06/07/us/politics/07text-clinton.html>
(10.02.2017).

Gauck, Joachim. 27.09.2015. „Auftakt der 40. Interkulturellen Woche"
<http://www.bundespraesident.de/SharedDocs/Reden/DE/Joachim-Gauck/Reden/2015/09/150927-Interkulturelle-Woche-Mainz.html> (12.03.2017).

Hoffmann, Monika. November 2015. „Flüchtlinge nicht als Masse sehen, sondern als Individuen" < http://www.caritas-international.de/hilfeweltweit/naherosten/israelpalaestina/assaf-interview>
(12.02.2017).

Kennedy, John F. 20.01.1961. "Inaugural Address of President John F. Kennedy"
< https://www.jfklibrary.org/Research/Research-Aids/Ready-Reference/JFK-Quotations/Inaugural-Address.aspx> (12.03.2017).

Merkel, Angela. 31.08.2015. „Sommerpressekonferenz von Bundeskanzlerin Merkel"
<https://www.bundesregierung.de/Content/DE/Mitschrift/Pressekonferenzen/2015/08/2015-08-31-pk-merkel.html> (10.02.2017).

Nusca, Andrew. 21.01.2017. "37 Photos from Women's Marches Around the World" < http://fortune.com/2017/01/21/womens-march-photos/> (12.03.2017).

Obama, Barack H. 08.01.2008. "Barack Obama's New Hampshire Primary Speech" < http://www.nytimes.com/2008/01/08/us/politics/08text-obama.html>
(11.03.2017).

Roosevelt, Franklin D. 04.03.1933. "Inaugural Address of President Franklin D. Rossevelt March 4, 1933."
<https://fdrlibrary.org/documents/356632/390886/1933inauguraladdress.pdf/000f0bd6-6af1-48c6-a5ce-1be343a5c007> (12.02.2017).

Thatcher, Margaret. 10.10.1980. "Speech to Conservative Party Conference ('the lady's not for turning') ["The Reason Why"]"
<http://www.margaretthatcher.org/document/104431> (11.03.2017).

Ye Hee Lee, Michelle. 08.07.2015. "Donald Trump's false comments connecting Mexican immigrants and crime" <https://www.washingtonpost.com/news/fact-checker/wp/2015/07/08/donald-trumps-false-comments-connecting-mexican-immigrants-and-crime/?utm_term=.59621008ba94> (10.03.2017).

Zeit Online. 26.04.2016. „Deutsche Jugendliche wollen Mainstream sein"
< http://www.zeit.de/gesellschaft/zeitgeschehen/2016-04/jugend-rebellion-anpassung-sinus-studie-deutschland> (12.03.2017).

BEI GRIN MACHT SICH IHR WISSEN BEZAHLT

- Wir veröffentlichen Ihre Hausarbeit,
  Bachelor- und Masterarbeit

- Ihr eigenes eBook und Buch -
  weltweit in allen wichtigen Shops

- Verdienen Sie an jedem Verkauf

Jetzt bei www.GRIN.com hochladen
und kostenlos publizieren